Impressum
Verlag: BABADADA GmbH, Nedderfeld 112 , 22529 Hamburg
Geschäftsführer / Verlagsleitung: Harald Hof
Druck: Books on Demand GmbH, In de Tarpen 42, 22848 Norderstedt

Imprint
Publisher: BABADADA GmbH, Nedderfeld 112 , 22529 Hamburg, Germany
Managing Director / Publishing direction: Harald Hof
Print: Books on Demand GmbH, In de Tarpen 42, 22848 Norderstedt

escuela

學校

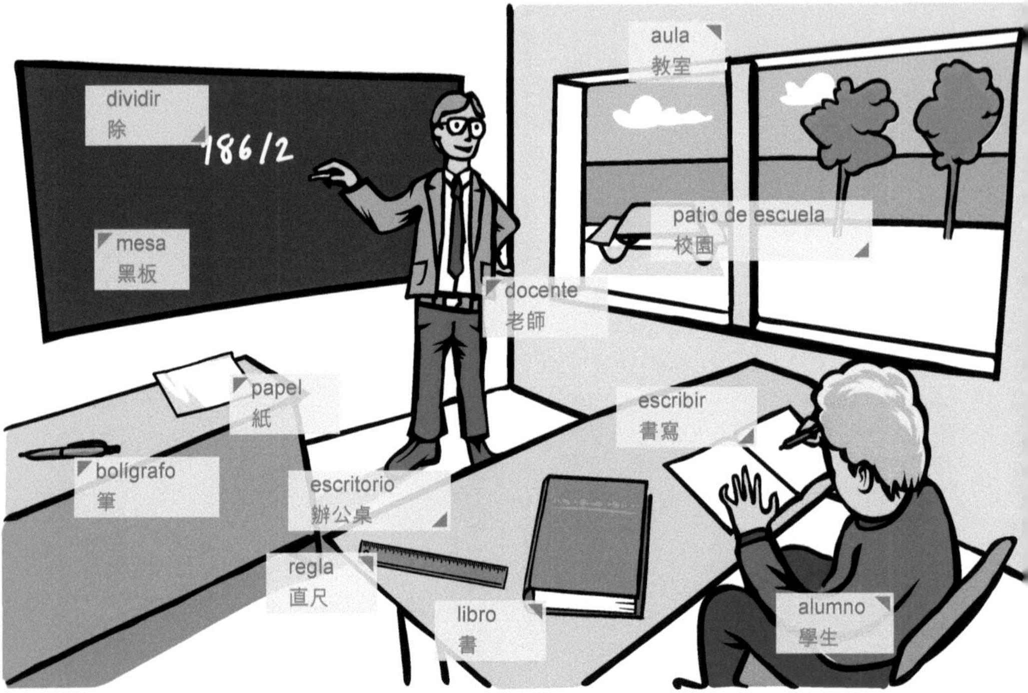

aula
教室
dividir
除
186/2
mesa
黑板
patio de escuela
校園
docente
老師
papel
紙
escribir
書寫
bolígrafo
筆
escritorio
辦公桌
regla
直尺
libro
書
alumno
學生

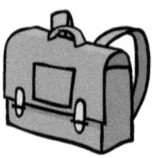

mochila escolar

書包

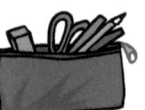

caja de lápices

鉛筆盒

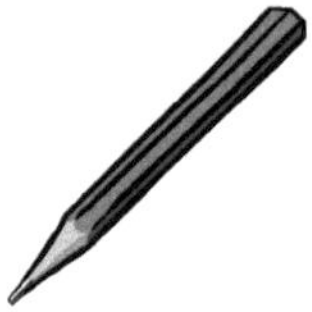

lápiz

鉛筆

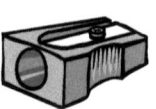

sacapuntas

削鉛筆機

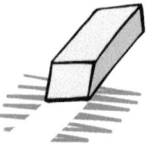

goma de borrar

橡皮擦

bloc de dibujo

畫板

dibujo

圖畫

pincel

畫筆

caja de pinturas

顏料盒

tijera

剪刀

pegamento

膠水

libro de ejercicios

練習冊

tarea

家庭作業

número

數字

sumar

加

restar

減

multiplicar

乘

calcular

計算

letra

字母

alfabeto

字母表

palabra

字

texto

課文

leer

讀

tiza

粉筆

lección

上課

libro de clase

登記

examen

考試

certificado

證書

uniforme escolar

校服

educación

教育

enciclopedia

百科全書

universidad

大學

microscopio

顯微鏡

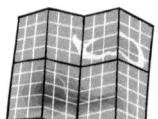

mapa

地圖

cesto de papeles

廢紙簍

viaje
旅行

hotel
飯店
Grand
albergue
青年旅社
ROOMS
casa de cambio
外幣兌換處
CHANGE
maleta
手提箱
auto
汽車

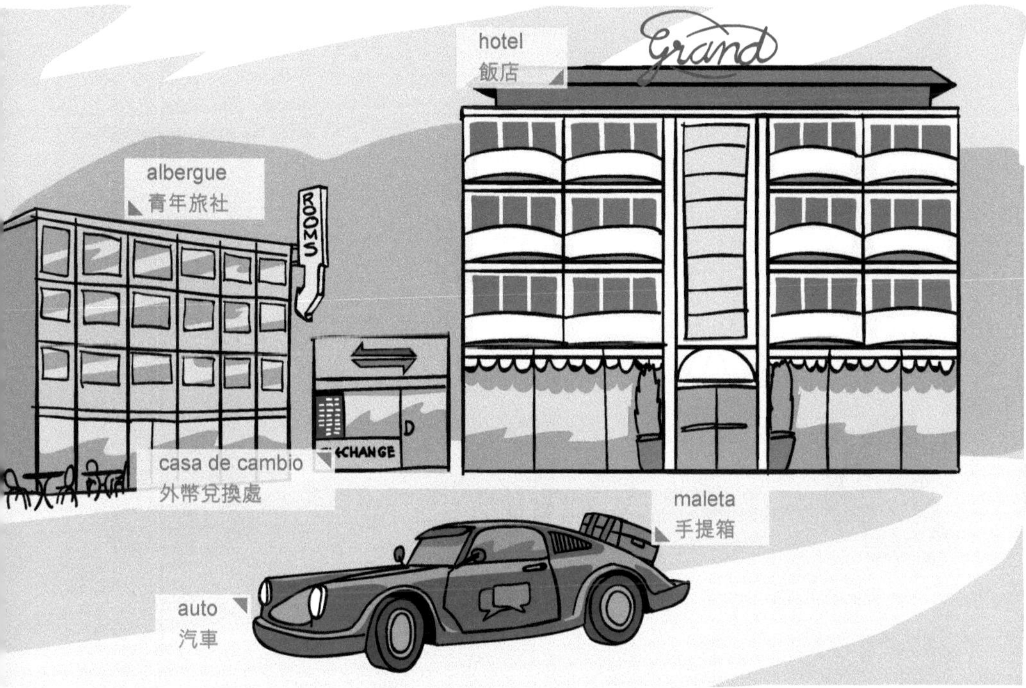

idioma
語言

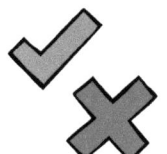

sí / no
是/否

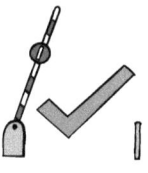

ok
好的

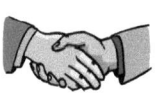

hola
您好

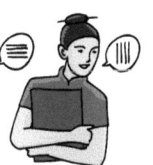

intérprete
翻譯人員

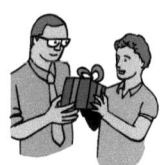

gracias
謝謝

¿Cuánto cuesta…?

……多少錢？

No entiendo

我不明白

problema

問題

¡Buenas tardes!

晚上好！

¡Buenos días!

早上好！

¡Buenas noches!

晚安！

adiós

再見

dirección

方向

equipaje

行李

bolso

包

mochila

背包

invitado

客人

cuarto

房間

saco de dormir

睡袋

tienda de campaña

帳篷

información al turista

旅行資訊

playa

海灘

tarjeta de crédito

信用卡

desayuno

早餐

almuerzo

午餐

cena

晚餐

pasaje

票

ascensor

電梯

sello

郵票

límite

邊界

aduana

海關

embajada

大使館

visa

簽證

pasaporte

護照

transporte
交通運送

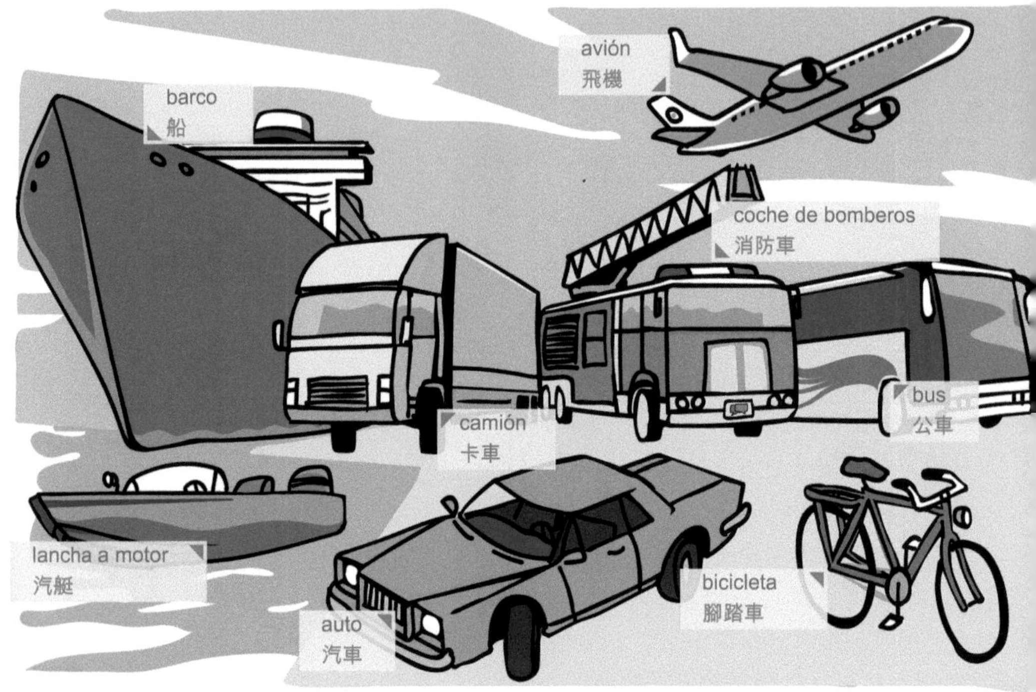
avión
飛機
barco
船
coche de bomberos
消防車
bus
公車
camión
卡車
lancha a motor
汽艇
bicicleta
腳踏車
auto
汽車

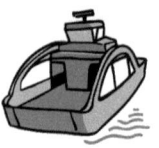

balsa
渡輪

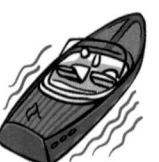

lancha
小船

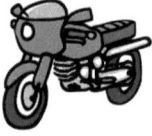

motocicleta
機車

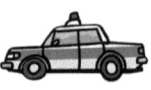

auto de policía
警車

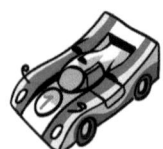

auto de carreras
賽車

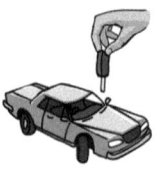

auto de alquiler
租車

alquiler de autos
拼車

grúa
拖車

vehículo recolector de basura
垃圾車

motor
馬達

gasolina
汽油

gasolinera
加油站

señal de tráfico
交通標識

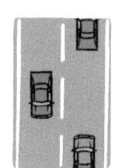

tránsito
交通

atasco
交通堵塞

estacionamiento
停車場

estación de tren
火車站

carril
軌道

tren
火車

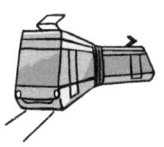

tranvía
路面電車

vagón
客車廂

helicóptero

直升機

aeropuerto

機場

torre

塔

pasajero

乘客

contenedor

集裝箱

caja de cartón

紙板箱

carro

手推車

cesta

籃子

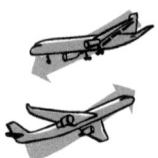

despegar / aterrizar

起飛/降落

ciudad

城市

aldea

村莊

centro de la ciudad

市中心

casa

房子

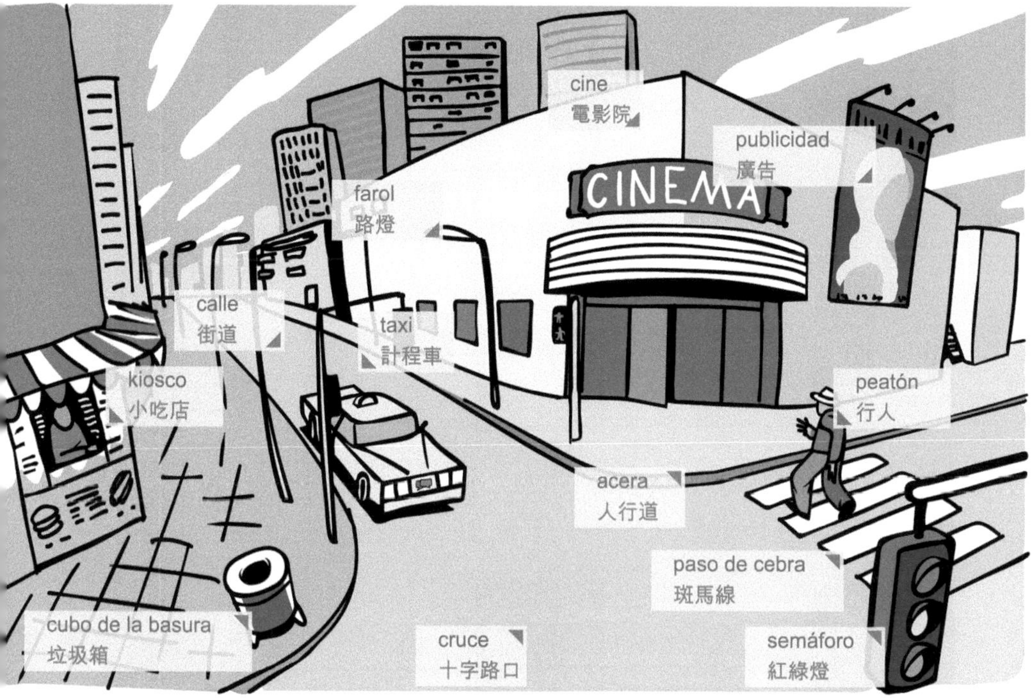
cine
電影院
publicidad
廣告
CINEMA
farol
路燈
calle
街道
taxi
計程車
kiosco
小吃店
peatón
行人
acera
人行道
paso de cebra
斑馬線
cubo de la basura
垃圾箱
cruce
十字路口
semáforo
紅綠燈

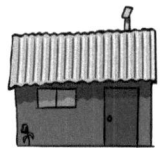

cabaña

小屋

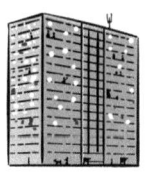

apartamento

公寓

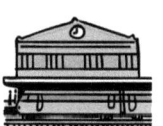

estación de tren

火車站

ayuntamiento

市政廳

MUSEUM

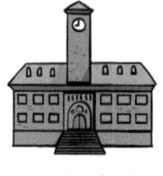

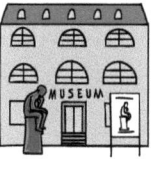

museo

博物館

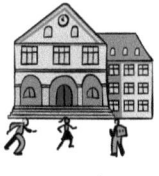

escuela

學校

universidad

大學

banco

銀行

hospital

醫院

hotel

飯店

farmacia

藥房

oficina

辦公室

librería

書店

negocio

商店

florería

花店

supermercado

超市

mercado

市場

grandes almacenes

百貨商店

pescadería

魚店

centro comercial

購物中心

puerto

海港

parque

公園

banco

長凳

puente

橋

escalera

樓梯

metro

捷運

túnel

隧道

parada de autobuses

公車站

bar

酒吧

restaurante

餐館

buzón de correo

郵筒

letrero

路標

parquímetro

停車計時器

zoológico

動物園

piscina

游泳池

mezquita

清真寺

granja

農場

polución

污染

cementerio

墓地

iglesia

教堂

parque infantil

操場

templo

寺廟

paisaje
地形

hoja
樹葉

indicador de camino
指示牌

sendero
路

pradera
草地

piedra
石頭

árbol
樹

caminante
徒步旅行者

río
河

pasto
草

flor
花

valle

峽谷

montaña

丘陵

lago

湖

bosque

森林

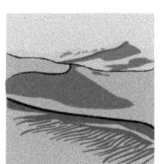

desierto

沙漠

volcán

火山

castillo

城堡

arco iris

彩虹

seta

蘑菇

palmera

棕櫚樹

mosquito

蚊子

mosca

蒼蠅

hormiga

螞蟻

abeja

蜜蜂

araña

蜘蛛

escarabajo

甲蟲

rana

青蛙

ardilla

松鼠

erizo

刺蝟

liebre

野兔

lechuza

貓頭鷹

pájaro

鳥

cisne

天鵝

jabalí

野豬

ciervo

鹿

alce

麋鹿

embalse

水壩

aerogenerador

風力發電機

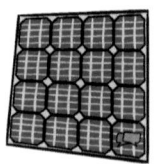

módulo solar

太陽能電池板

clima

氣候

restaurante
餐館

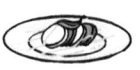

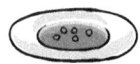

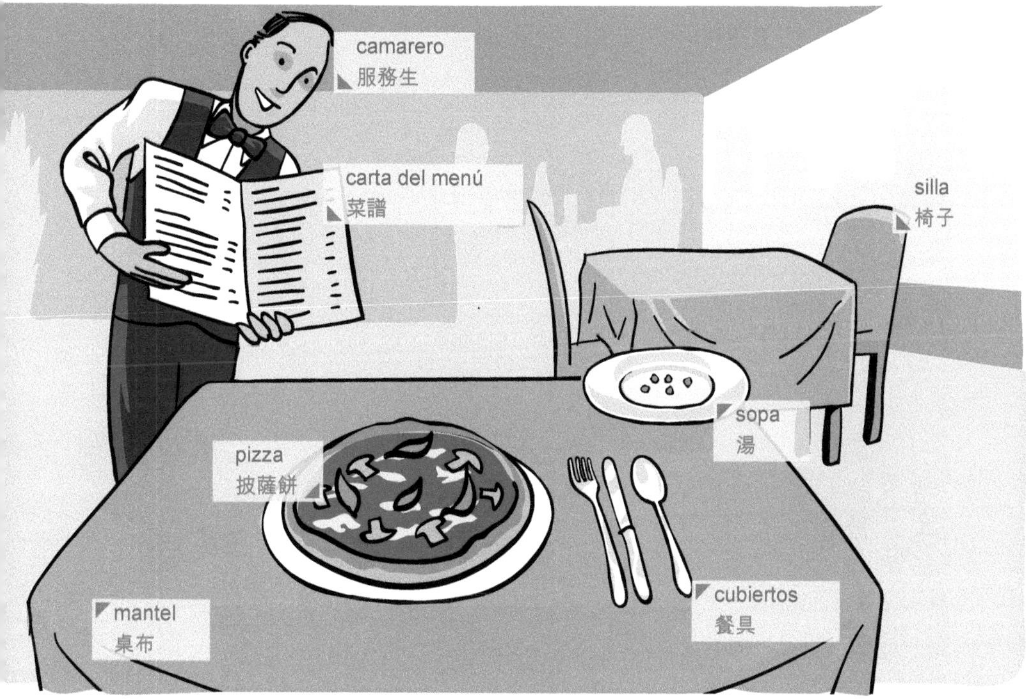

camarero
服務生
carta del menú
菜譜
silla
椅子
sopa
湯
pizza
披薩餅
cubiertos
餐具
mantel
桌布

entrada

前菜

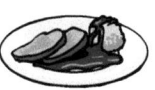

plato principal

主菜

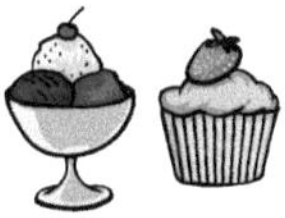

postre

甜點

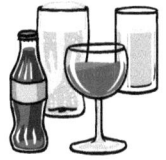

bebida

飲料

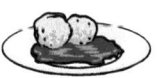

comida

食物

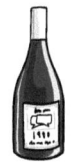

botella

瓶子

comida rápida

速食

comida callejera

街邊小吃

tetera

茶壺

azucarera

糖盒

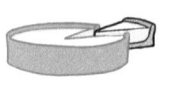

porción

一份飯菜

máquina de espresso

義式咖啡機

silla alta

高腳椅

factura

帳單

bandeja

托盤

cuchillo

刀

tenedor

餐叉

cuchara

勺子

cuchara de té

茶匙

servilleta

餐巾

vaso

玻璃杯

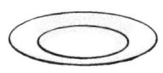

plato

碟子

plato de sopa

湯盤

platillo

碟子

salsa

醬

salero

鹽瓶

molinillo para pimienta

胡椒研磨罐

vinagre

醋

aceite

食用油

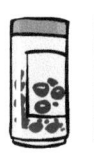

especias

調味料

ketchup

番茄醬

mostaza

芥末

mayonesa

美乃滋

supermercado
超市

oferta
特價
FOR
cliente
顧客
productos lácteos
乳製品
fruta
水果
carrito de compras
購物車

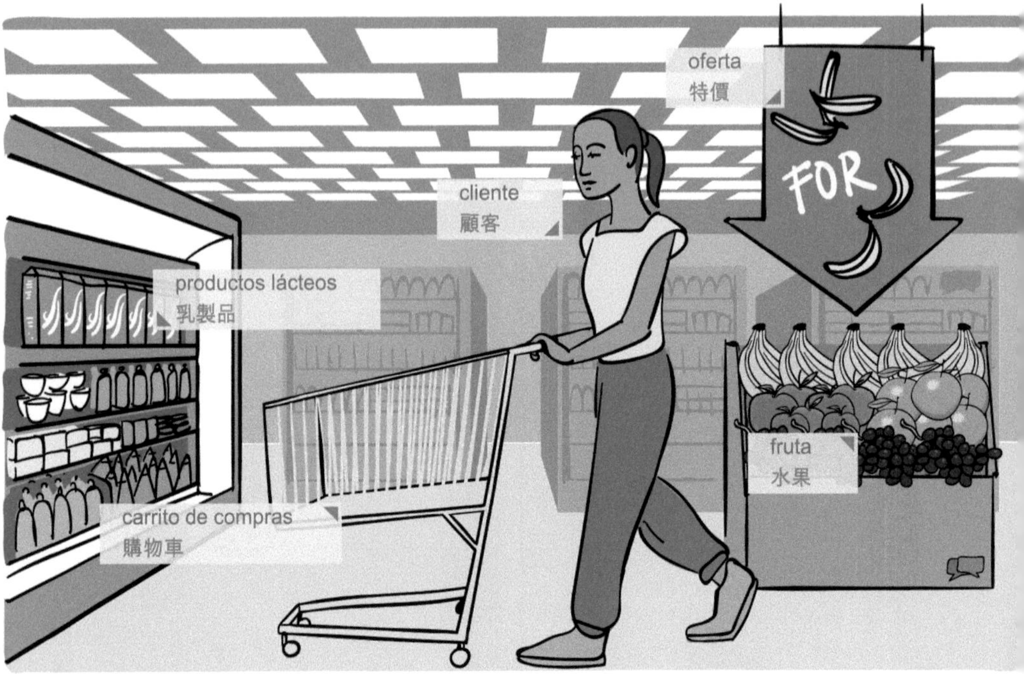

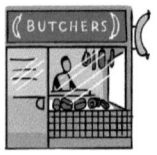

BUTCHERS

carnicería

肉鋪

BAKERY

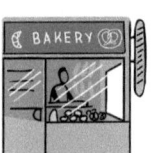

panadería

麵包店

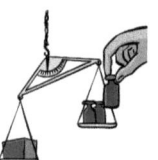

pesar

稱重

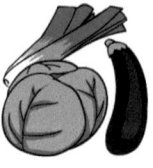

verdura

蔬菜

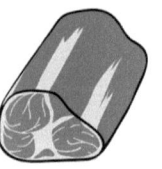

carne

肉

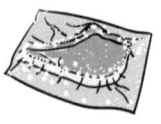

alimentos congelados

冷凍食品

fiambre

冷盤

conservas

罐頭食品

detergente en polvo

洗衣粉

dulces

甜食

artículos domésticos

日用品

productos de limpieza

清潔用品

vendedora

銷售員

caja

收銀機

cajero

收銀員

lista de compras

購物清單

horario de atención

開放時間

cartera

錢包

tarjeta de crédito

信用卡

maleta

袋子

bolsa plástica

塑膠袋

supermercado - 超市

agua
水

jugo
果汁

leche
牛奶

refresco de cola
可樂

vino
紅酒

cerveza
啤酒

alcohol
酒

cacao
可可

té
茶

café
咖啡

espresso
義式濃縮咖啡

cappuccino
卡布奇諾

banana

香蕉

manzana

蘋果

naranja

柳丁

sandía

西瓜

limón

檸檬

zanahoria

胡蘿蔔

ajo

大蒜

bambú

竹子

cebolla

洋蔥

seta

蘑菇

nueces

堅果

fideos

麵條

espagueti

義大利麵

arroz

米飯

ensalada

沙拉

patatas fritas

薯條

patatas salteadas

炸馬鈴薯

pizza

披薩餅

hamburguesa

漢堡

sándwich

三明治

escalope

炸豬排

jamón

火腿

salame

義大利臘腸

embutido

香腸

pollo

雞肉

asado

烤肉

pescado

魚

copos de avena

燕麥片

musli

木斯里

copos de maíz tostado

玉米片

harina

麵粉

croissant

牛角麵包

panecillo

麵包捲

pan

麵包

tostada

吐司

galletas

餅乾

mantequilla

奶油

cuajada

凝乳

pastel

蛋糕

huevo

蛋

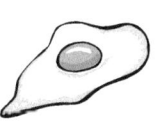

huevo frito

煎蛋

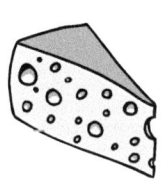

queso

起司

helado

冰淇淋

azúcar

糖

miel

蜂蜜

mermelada

果醬

praliné

巧克力醬

curry

咖哩

granja
農場

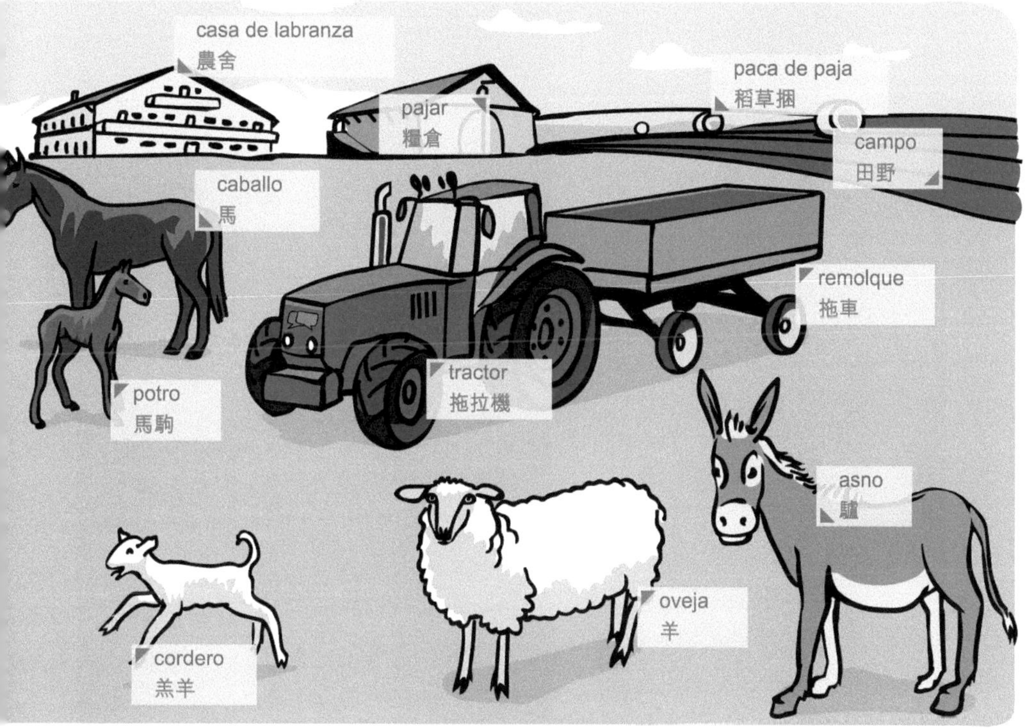
casa de labranza
農舍
pajar
糧倉
paca de paja
稻草捆
campo
田野
caballo
馬
remolque
拖車
tractor
拖拉機
potro
馬駒
asno
驢
oveja
羊
cordero
羔羊

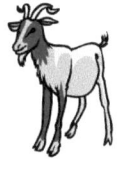

cabra
山羊

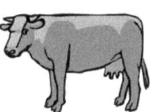

vaca
奶牛

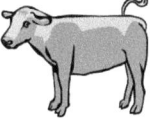

ternero
小牛

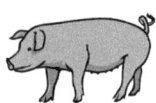

cerdo
豬

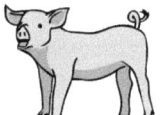

lechón
小豬

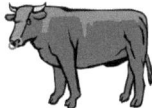

toro
公牛

ganso

鵝

pato

鴨

polluelo

小雞

pollo

母雞

gallo

公雞

rata

鼠

gato

貓

ratón

老鼠

buey

牛

perro

狗

caseta del perro

狗屋

manguera de riego

花園澆水軟管

regadera

澆水壺

guadaña

長柄大鐮刀

arado

犁

28   granja - 農場

hoz

鐮刀

azada

鋤頭

bieldo

長柄草耙

hacha

斧頭

carretilla

獨輪手推車

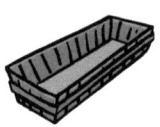

abrevadero

飼料槽

lechera

牛奶罐

saco

麻布袋

cerca

柵欄

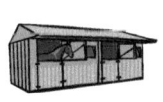

establo

馬廄

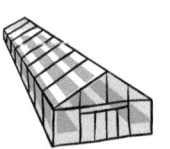

invernadero

溫室

suelo

土壤

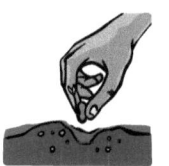

semilla

種子

fertilizante

肥料

cosechadora

聯合收割機

cosechar

收割

cosecha

收割

raíz de ñame

地瓜

trigo

小麥

soja

大豆

patata

土豆

maíz

玉米

colza

油菜籽

Árbol frutal

果樹

mandioca

樹薯

cereales

穀物

chimenea
煙囪

techo
屋頂

canalón
落水管

ventana
窗戶

garaje
車庫

timbre
門鈴

puerta
門

cubo de la basura
垃圾桶

buzón de correo
信箱

jardín
花園

cuarto de estar

客廳

cuarto de baño

浴室

cocina

廚房

dormitorio

臥室

cuarto de los niños

兒童房

comedor

餐廳

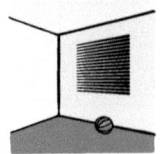

piso

地板

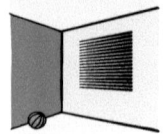

pared

牆壁

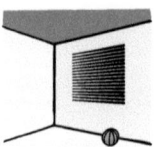

cielorraso

天花板

sótano

地窖

sauna

三溫暖

balcón

陽臺

terraza

露臺

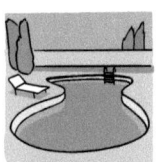

piscina

游泳池

cortacésped

割草機

funda nórdica

被單

edredón

床罩

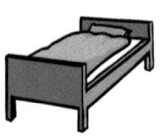

cama

床

escoba

掃帚

cubo

水桶

interruptor

開關

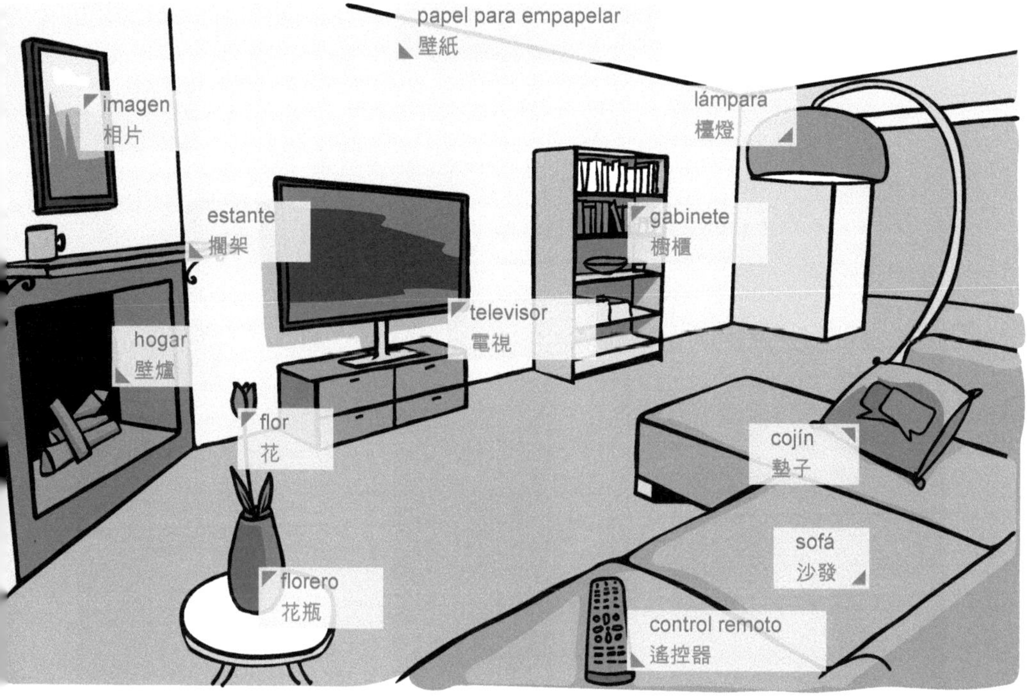

papel para empapelar
壁紙

imagen
相片

lámpara
檯燈

estante
擱架

gabinete
櫥櫃

hogar
壁爐

televisor
電視

flor
花

cojín
墊子

sofá
沙發

florero
花瓶

control remoto
遙控器

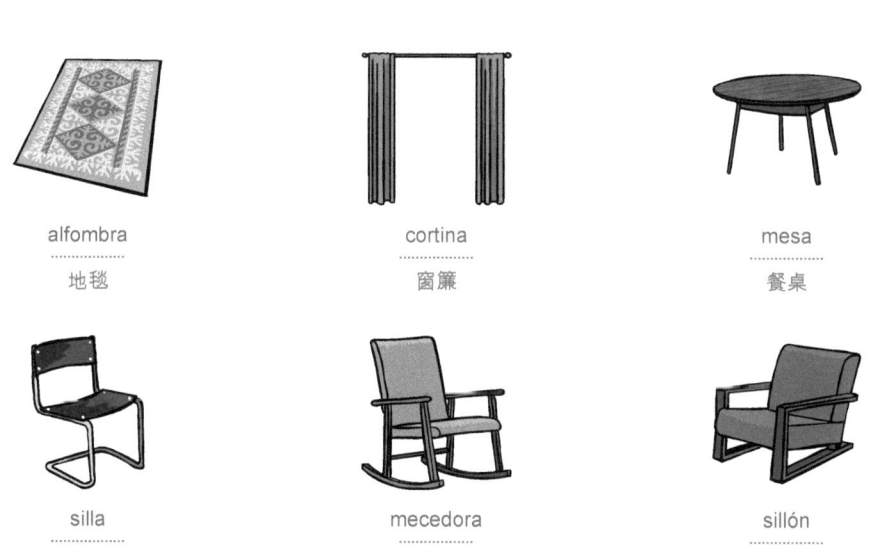

alfombra	cortina	mesa
地毯	窗簾	餐桌
silla	mecedora	sillón
椅子	搖椅	扶手椅

libro

書

frazada

毯子

decoración

裝飾品

leña

木柴

film

電影

equipo estereofónico

高傳真音響

llave

鑰匙

periódico

報紙

cuadro

油畫

póster

海報

radio

收音機

bloc de notas

筆記本

aspiradora

吸塵器

cactus

仙人掌

vela

蠟燭

cocina
廚房

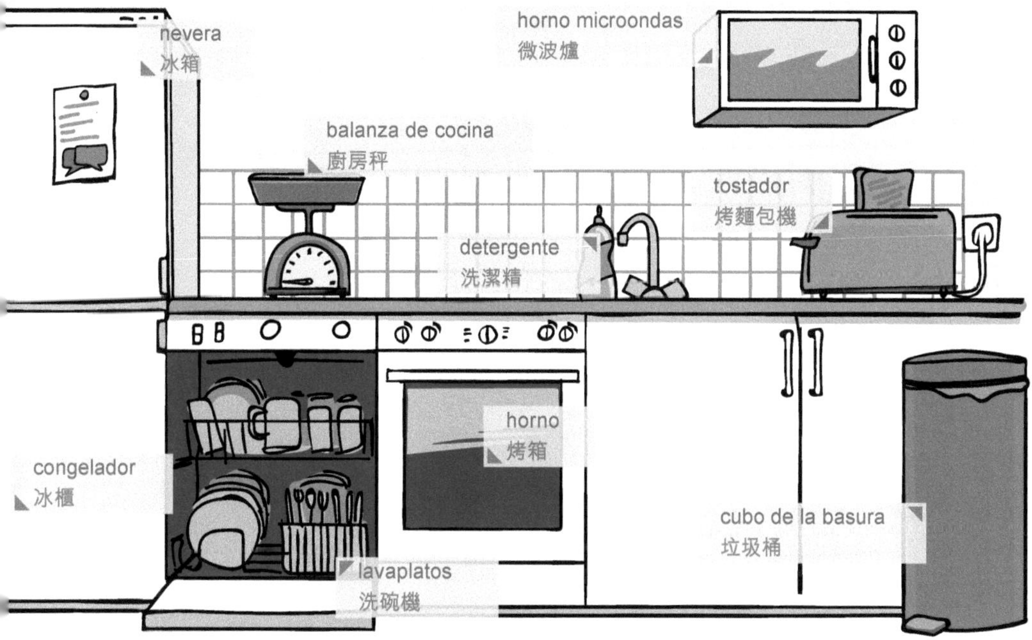

nevera
冰箱
horno microondas
微波爐
balanza de cocina
廚房秤
tostador
烤麵包機
detergente
洗潔精
horno
烤箱
congelador
冰櫃
cubo de la basura
垃圾桶
lavaplatos
洗碗機

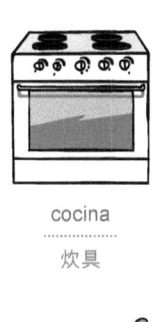

cocina

炊具

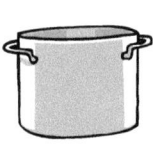

olla

鍋

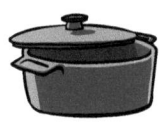

olla de fundición de hierro

鑄鐵鍋

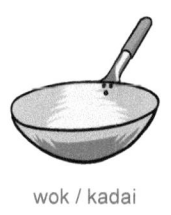

wok / kadai

炒鍋

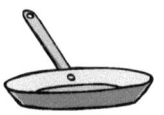

sartén

平底鍋

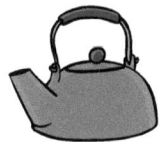

hervidor de agua

水壺

olla de vapor

蒸鍋

bandeja de horno

烤盤

vajilla

陶瓷鍋

vaso

馬克杯

bol

碗

palillos para comer

筷子

cucharón de sopa

長柄勺

espátula

鏟子

batidor

攪拌器

colador

濾網

cedazo

篩子

rallador

磨碎機

mortero

研缽

parrillada

燒烤

fogata

明火

tabla de picar

菜板

rodillo

擀麵杖

sacacorchos

開瓶器

lata

罐子

abrelatas

開罐器

agarrador

隔熱手套

fregadero

水槽

cepillo

刷子

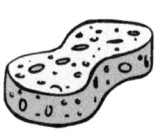

esponja

海綿

batidora

攪拌機

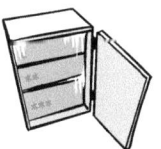

arcón congelador

冷藏箱

biberón

奶瓶

grifo

水龍頭

cuarto de baño

浴室

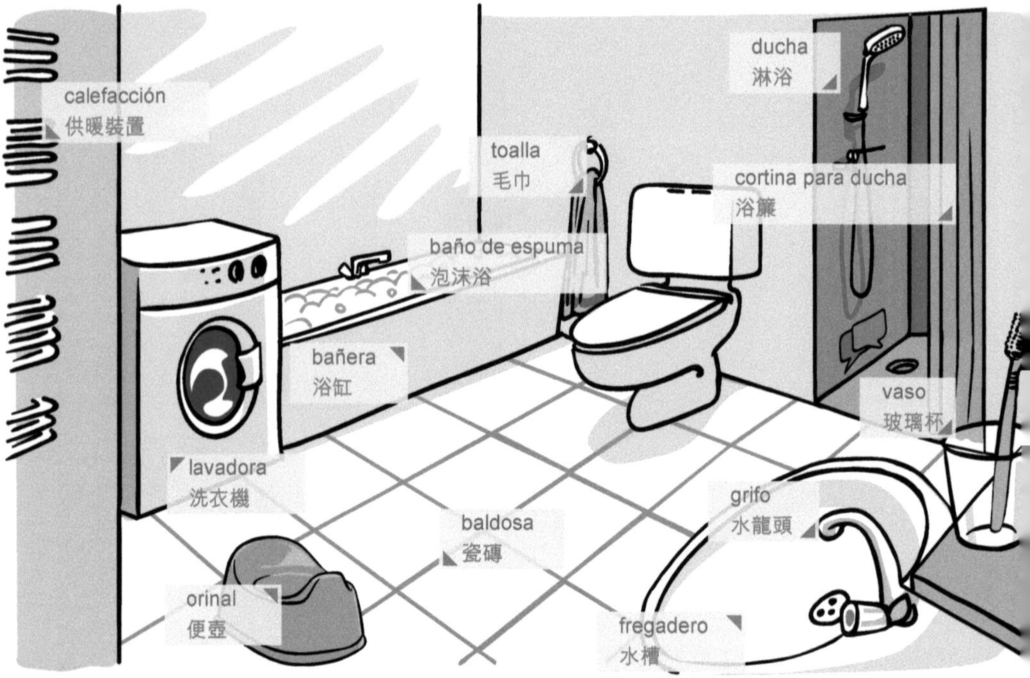

ducha
淋浴
calefacción
供暖裝置
toalla
毛巾
cortina para ducha
浴簾
baño de espuma
泡沫浴
bañera
浴缸
vaso
玻璃杯
lavadora
洗衣機
grifo
水龍頭
baldosa
瓷磚
orinal
便壺
fregadero
水槽

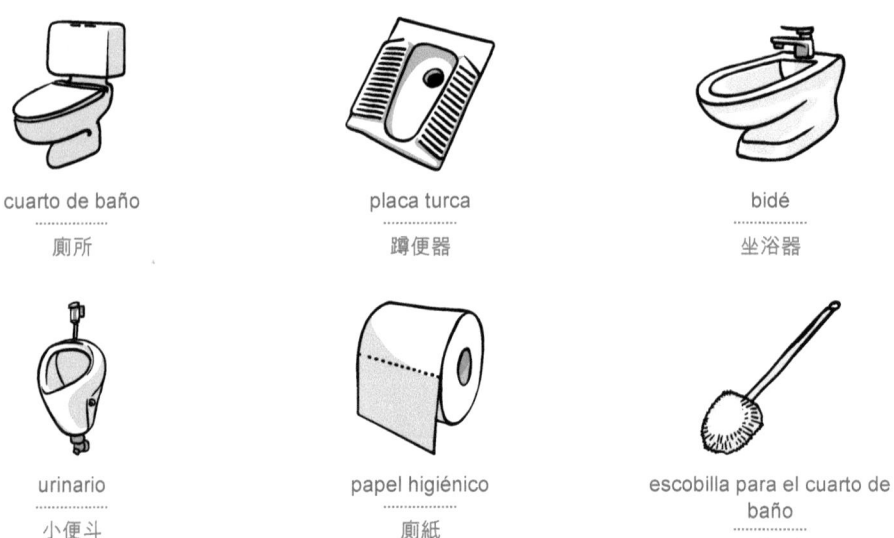

cuarto de baño

廁所

placa turca

蹲便器

bidé

坐浴器

urinario

小便斗

papel higiénico

廁紙

escobilla para el cuarto de baño

馬桶刷

cepillo de dientes

牙刷

pasta dentífrica

牙膏

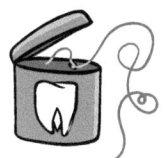

seda dental

牙線

lavar

洗

ducha teléfono

手持式蓮蓬頭

ducha higiénica

沖洗器

cuenco

洗臉盆

cepillo para la espalda

洗背刷

jabón

肥皂

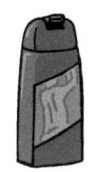

gel de ducha

沐浴露

champú

洗髮乳

manopla para baño

法蘭絨

desagüe

排水

crema

乳霜

desodorante

除臭劑

espejo

鏡子

espejo de maquillaje

手鏡

máquina de afeitar

刮鬍刀

espuma de afeitar

刮鬍泡沫

loción para después del afeitado

鬍後水

peine

梳子

cepillo

刷子

secador para cabello

吹風機

laca de peinado

噴髮定型劑

maquillaje

化妝品

lápiz labial

唇膏

laca para uñas

指甲油

algodón

化妝棉

tijera para uñas

指甲剪

perfume

香水

neceser

洗漱包

taburete

凳子

balanza

計重秤

bata de baño

浴袍

guantes de goma

橡膠手套

tampón

衛生棉條

compresa

衛生棉

wáter químico

化學廁所

cuarto de los niños

兒童房

despertador
鬧鐘
animal de peluche
毛絨玩具
auto de juguete
玩具車
sonajero
撥浪鼓
casa de muñecas
玩具屋
obsequio
禮物

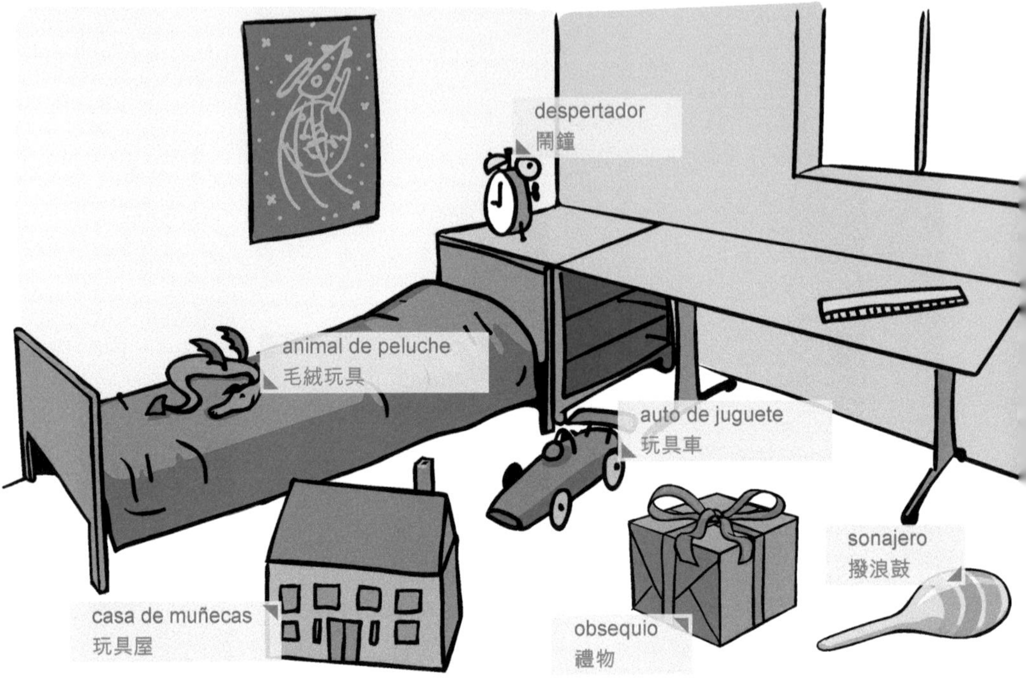

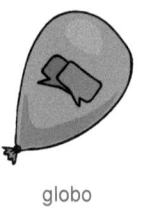

globo

氣球

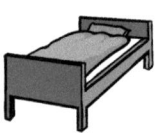

cama

床

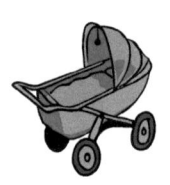

cochecito para niños

嬰兒車

juego de barajas

撲克牌

rompecabezas

拼圖

SUPER
MEGA

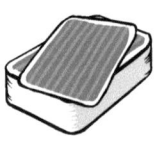

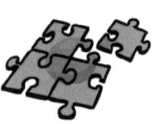

cómic

漫畫

piezas de Lego

樂高積木

bloques para jugar

積木玩具

figura de acción

公仔

pijama de una pieza

嬰兒服

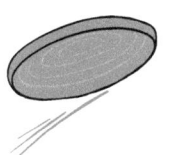

frisbee

飛盤

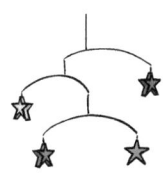

móvil

床鈴玩具

juego de mesa

棋盤遊戲

dado

骰子

tren eléctrico a escala

火車模型

chupete

安撫奶嘴

fiesta

派對

libro de dibujos

繪本

pelota

球

títere

洋娃娃

jugar

玩

arenero

沙坑

columpio

鞦韆

juguetes

玩具

consola de videojuego

電玩遊戲

triciclo

三輪車

osito de peluche

泰迪熊

guardarropa

衣櫃

vestimenta

衣服

calcetines

襪子

medias

長襪

panti

緊身褲

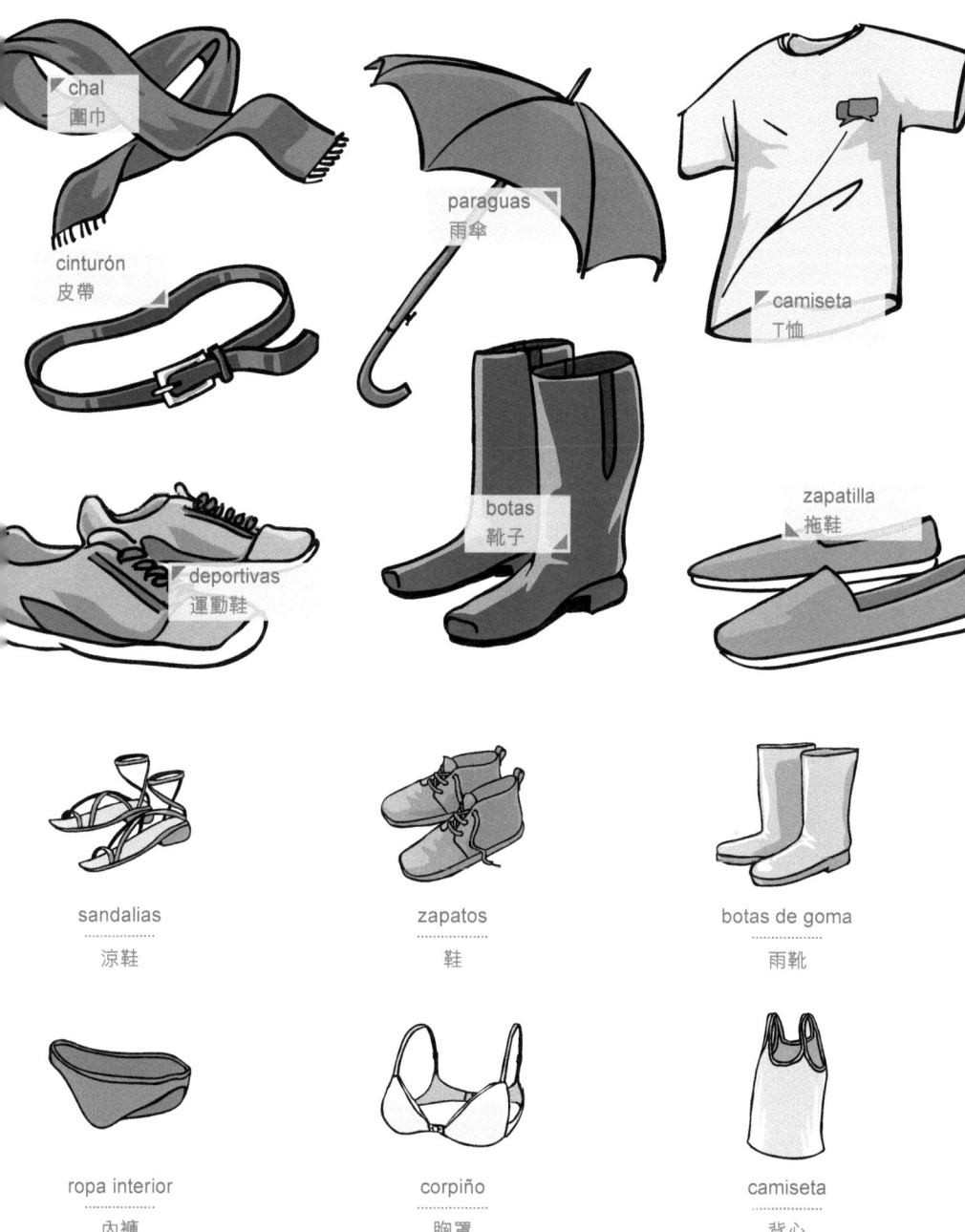

chal
圍巾

paraguas
雨傘

camiseta
T恤

cinturón
皮帶

botas
靴子

zapatilla
拖鞋

deportivas
運動鞋

sandalias

涼鞋

zapatos

鞋

botas de goma

雨靴

ropa interior

內褲

corpiño

胸罩

camiseta

背心

body

身體

pantalón

褲子

jeans

牛仔褲

falda

短裙

blusa

女式襯衫

camisa

襯衫

pullover

套頭衫

sweater

連帽上衣

blazer

西裝夾克

chaqueta

夾克

abrigo

外套

impermeable

雨衣

traje chaqueta

套裝

vestido

連衣裙

vestido de bodas

婚紗

traje

西裝

camisón

睡袍

pijama

睡衣

sari

莎麗

pañuelo de cabeza

頭巾

turbante

包頭巾

burka

波卡

caftán

卡夫坦

abaya

(阿拉伯式)長袍

traje de baño

泳衣

bañador

男式泳褲

shorts

短褲

chándal

運動服

delantal

圍裙

guante

手套

botón

鈕扣

gafa

眼鏡

brazalete

手鏈

cadena

項鍊

anillo

戒指

aro

耳環

gorra

便帽

percha

衣架

sombrero

帽子

corbata

領帶

cierre a cremallera

拉鍊

casco

安全帽

tiradores

背帶

uniforme escolar

校服

uniforme

制服

babero

圍兜

chupete

安撫奶嘴

pañal

尿布

oficina

辦公室

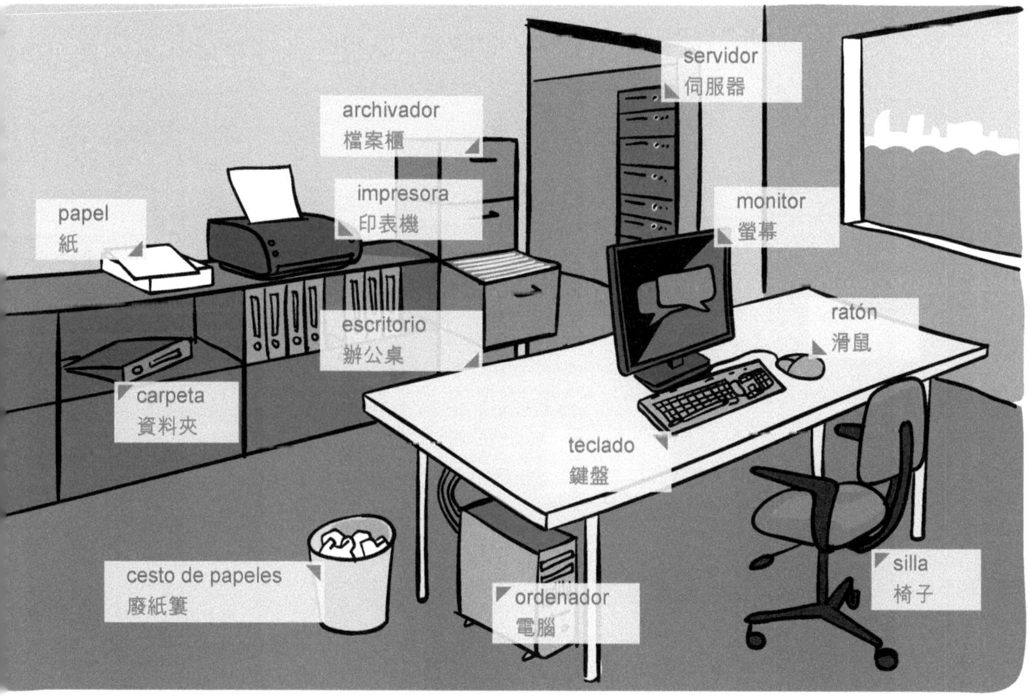

servidor
伺服器

archivador
檔案櫃

impresora
印表機

papel
紙

monitor
螢幕

escritorio
辦公桌

ratón
滑鼠

carpeta
資料夾

teclado
鍵盤

cesto de papeles
廢紙簍

silla
椅子

ordenador
電腦

taza de café

咖啡杯

calculadora

計算機

internet

網際網路

laptop

筆記型電腦

carta

信件

mensaje

簡訊

teléfono móvil

行動電話

red

網路

fotocopiadora

影印機

software

軟體

teléfono

電話

tomacorriente

插座

máquina de fax

傳真機

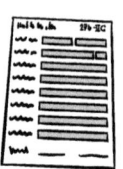

formulario

表格

documento

檔案

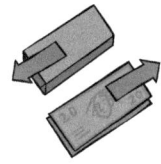

comprar

買

pagar

付錢

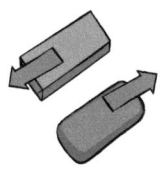

comerciar

交易

dinero

現金

dólar

美元

euro

歐元

yen

日元

rublo

盧布

franco

瑞士法郎

renminbi

人民幣

rupia

盧比

cajero automático

提款處

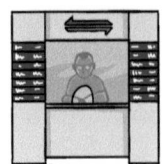

casa de cambio

外幣兌換處

oro

金

plata

銀

petróleo

石油

energía

能源

precio

價格

contrato

合約

impuesto

稅金

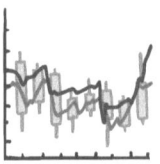

acción

股票

trabajar

工作

empleado

職員

empleador

老闆

fábrica

工廠

negocio

商店

ocupaciones
職業

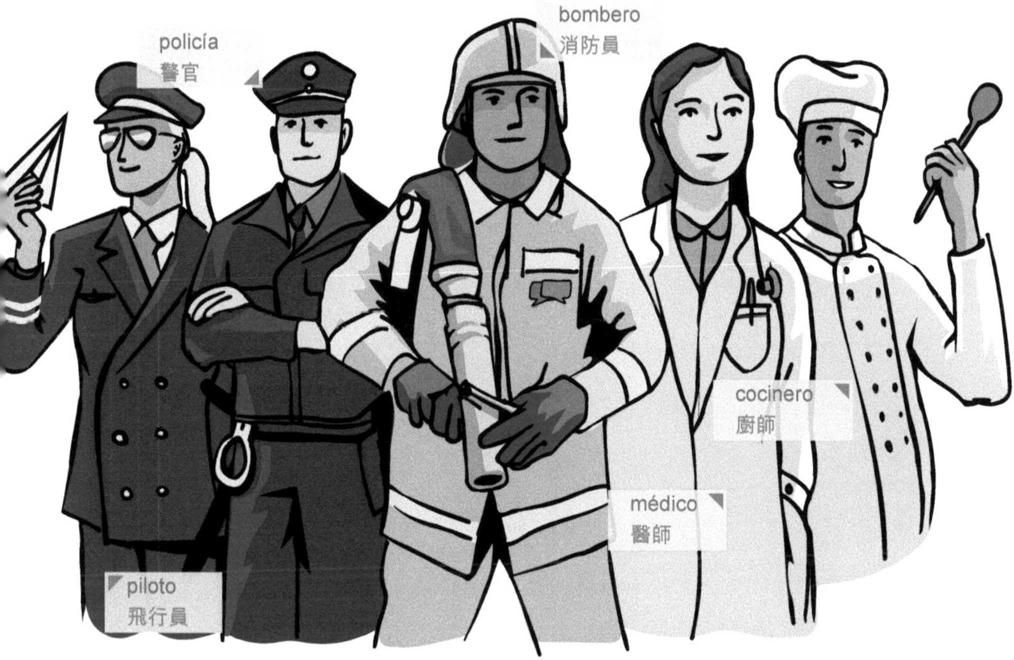

policía
警官
bombero
消防員
cocinero
廚師
médico
醫師
piloto
飛行員

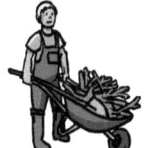

jardinero

園丁

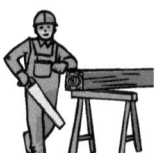

carpintero

木匠

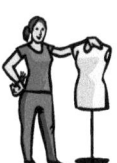

costurera

裁縫

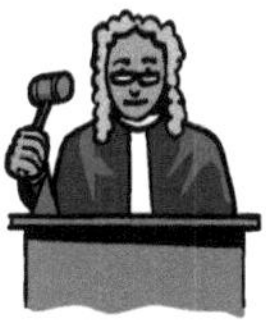

juez

法官

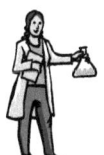

químico

化學家

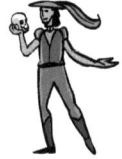

actor

演員

conductor de autobús

公車司機

taxista

計程車司機

pescador

漁夫

mujer de la limpieza

清洗女工

techista

屋頂工

camarero

服務生

cazador

獵人

pintor

畫家

panadero

麵包師

electricista

電工

albañil

建築工人

ingeniero

工程師

carnicero

屠夫

fontanero

水管工

cartero

郵差

soldado

士兵

arquitecto

建築師

cajero

收銀員

florista

花農

peluquero

理髮師

cobrador

售票員

mecánico

機械技師

capitán

船長

odontólogo

牙醫

científico

科學家

rabino

拉比

imam

伊瑪目

monje

和尚

párroco

牧師

herramientas

工具

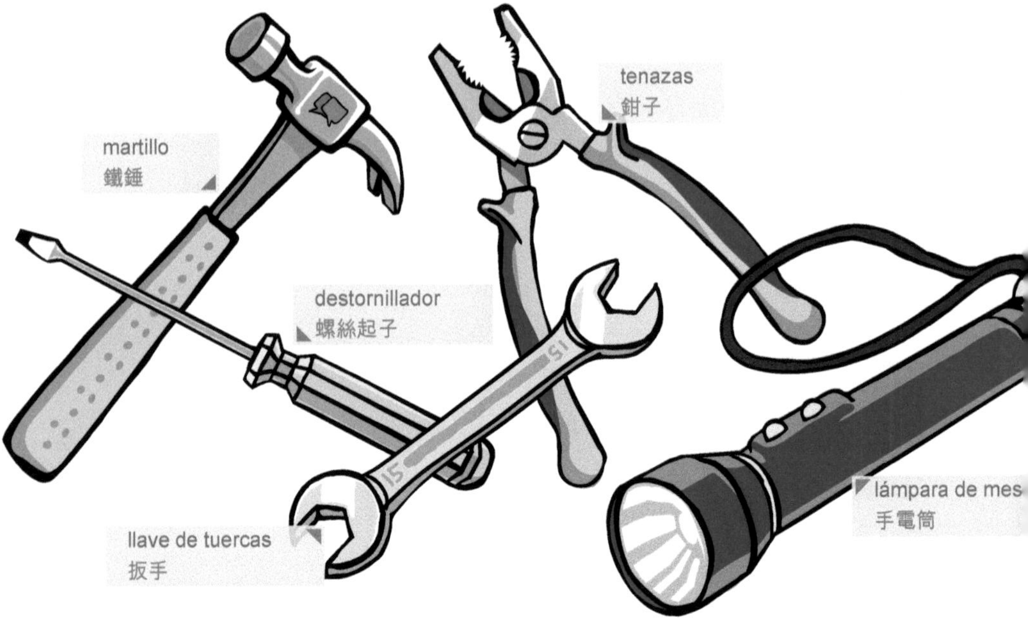

tenazas
鉗子
martillo
鐵錘
destornillador
螺絲起子
lámpara de mes
手電筒
llave de tuercas
扳手

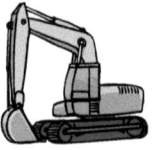

excavadora

挖掘機

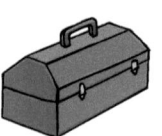

caja de herramientas

工具箱

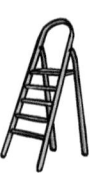

escalerilla

梯子

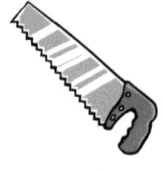

serrucho

鋸子

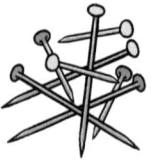

clavos

釘子

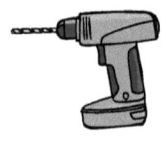

taladro

鑽機

reparar

修

pala

鏟子

¡Maldición!

糟糕！

recogedor

畚箕

lata de pintura

油漆桶

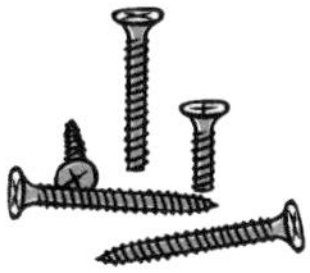

tornillos

螺絲

instrumentos musicales

樂器

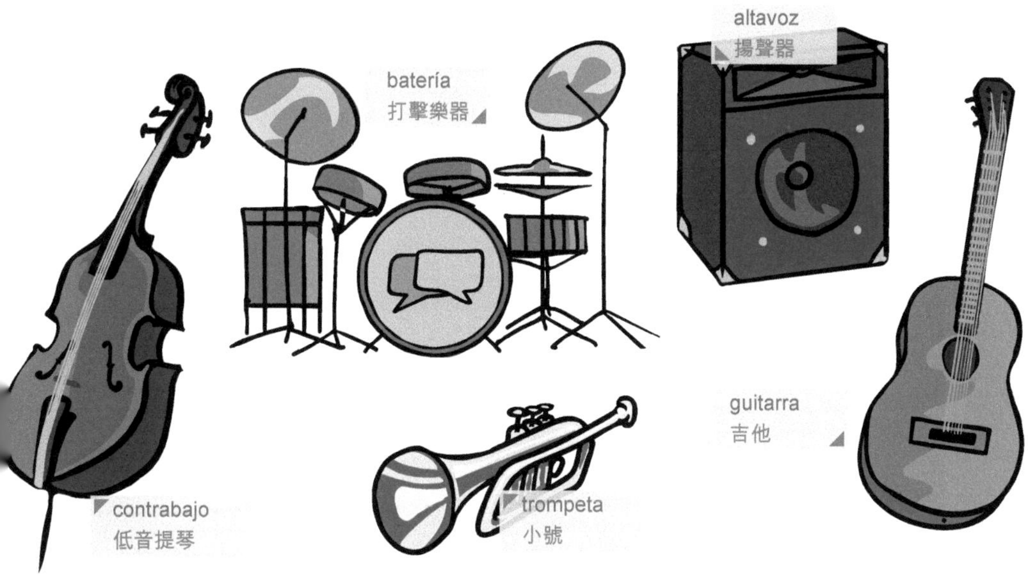

batería
打擊樂器

altavoz
揚聲器

contrabajo
低音提琴

trompeta
小號

guitarra
吉他

piano

鋼琴

violín

小提琴

bajo

貝斯

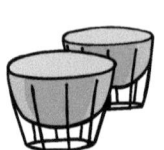

timbales

定音鼓

tambor

鼓

teclado

電子琴

saxofón

薩克斯風

flauta

長笛

micrófono

麥克風

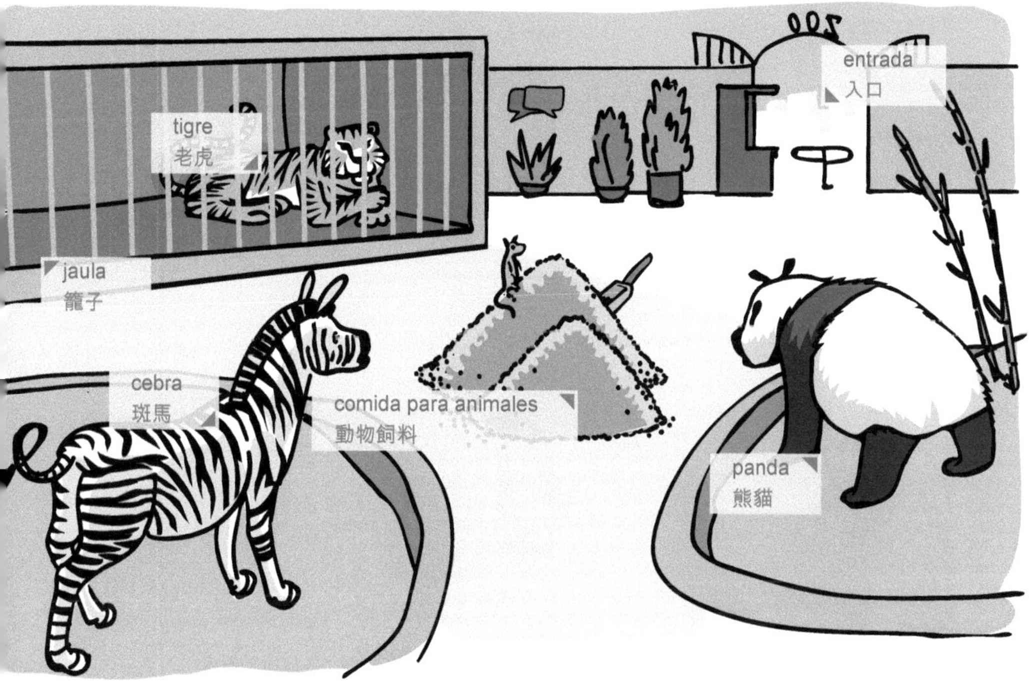
zoo
entrada
入口
tigre
老虎
jaula
籠子
cebra
斑馬
comida para animales
動物飼料
panda
熊貓

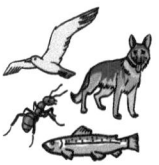

animales
動物

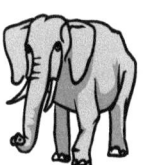

elefante
大象

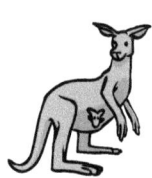

canguro
袋鼠

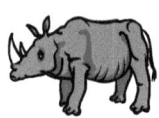

rinoceronte
犀牛

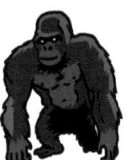

gorila
大猩猩

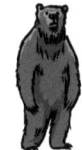

oso
熊

camello

駱駝

avestruz

鴕鳥

león

獅子

mono

猴子

flamengo

紅鶴

papagayo

鸚鵡

oso polar

北極熊

pingüino

企鵝

tiburón

鯊魚

pavo real

孔雀

serpiente

蛇

cocodrilo

鱷魚

cuidador del zoológico

動物園管理員

foca

海豹

jaguar

美洲豹

pony

矮種馬

leopardo

豹

hipopótamo

河馬

jirafa

長頸鹿

águila

老鷹

jabalí

野豬

pescado

魚

tortuga

龜

morsa

海象

zorro

狐狸

gacela

羚羊

fútbol americano
橄欖球

ciclismo
騎腳踏車

tenis
網球

baloncesto
籃球

natación
游泳

boxeo
拳擊

hockey sobre hielo
冰球

fútbol
美式足球

badminton
羽毛球

atletismo
田徑

balonmano
手球

esquí
滑雪

polo
馬球

saltar
跳

reír
笑

abrazar
擁抱

caminar
走路

cantar
唱

soñar
做夢

rezar
祈禱

besar
親吻

escribir

書寫

dibujar

畫

mostrar

展示

presionar

推

dar

給

tomar

拿

tener

有

hacer

做

ser

當

estar de pie

站

correr

跑

tirar

拉

arrojar

丟

caer

摔倒

estar acostado

躺

esperar

等待

llevar

攜帶

estar sentado

坐

vestirse

穿衣

dormir

睡覺

despertar

醒來

mirar

看

llorar

哭

acariciar

擊

peinarse

梳頭

conversar

交談

entender

明白

preguntar

問

oír

聽

beber

喝

comer

吃

asear

清理

amar

愛

cocinar

做飯

conducir

開車

volar

飛

navegar

航行

calcular

計算

leer

讀

aprender

學習

trabajar

工作

casarse

結婚

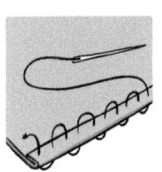

coser

縫

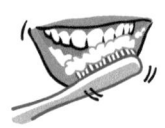

limpiarse los dientes

刷牙

matar

殺

fumar

抽菸

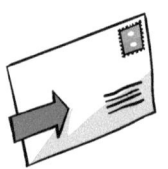

enviar

寄

abuela
祖母

abuelo
祖父

padre
父親

madre
母親

bebé
嬰兒

hija
女兒

hijo
兒子

invitado

客人

tía

阿姨

tío

叔叔

hermano

兄弟

hermana

姐妹

cuerpo
身體

frente
前額
ojo
眼睛
cara
臉
barbilla
下巴
pecho
乳房
dedo
手指
mano
手
brazo
手臂
hombro
肩膀
pierna
腿

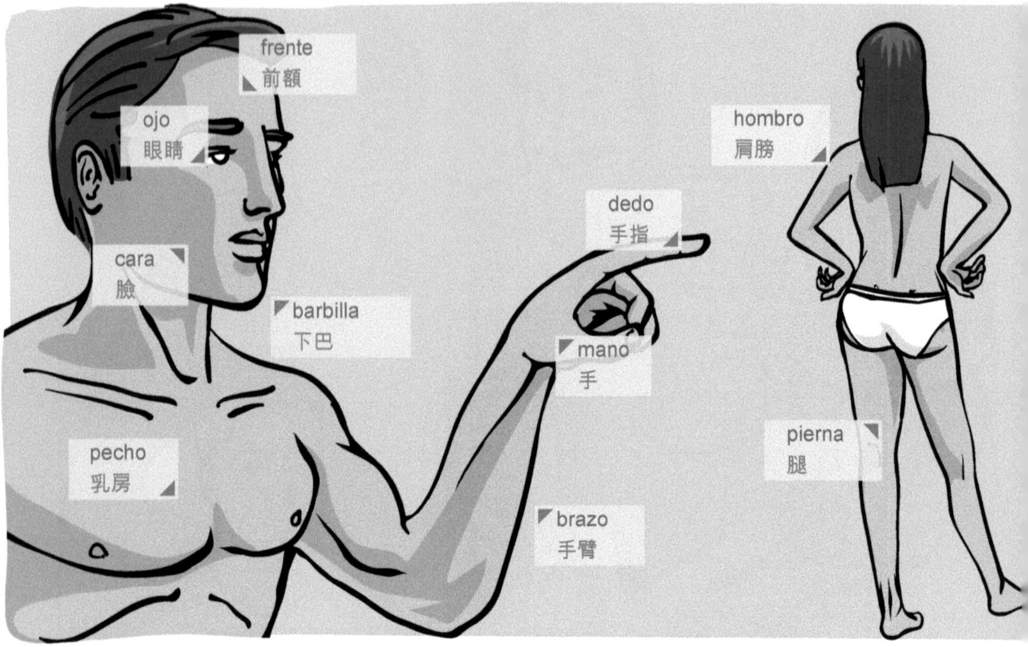

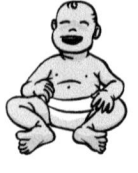

bebé
嬰兒

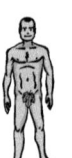

hombre
男人

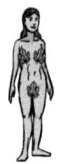

mujer
女人

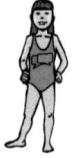

muchacha
女孩

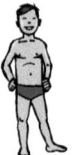

joven
男孩

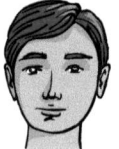

cabeza
頭

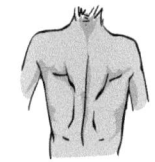

espalda

背部

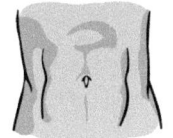

vientre

肚子

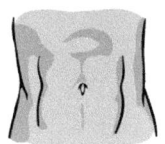

ombligo

肚臍

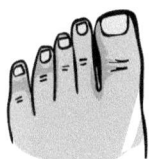

dedo del pie

腳趾

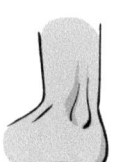

talón

腳後跟

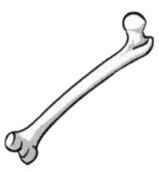

hueso

骨頭

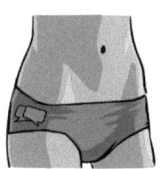

cadera

臀部

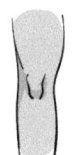

rodilla

膝蓋

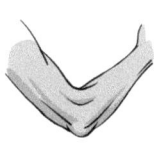

codo

手肘

nariz

鼻子

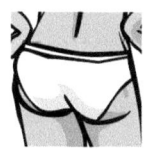

trasero

屁股

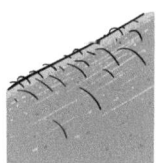

piel

皮膚

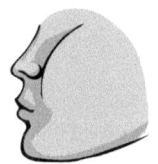

mejilla

臉頰

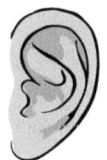

oreja

耳朵

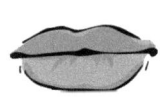

labio

嘴唇

boca

嘴

diente

牙齒

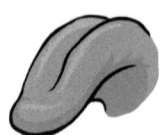

lengua

舌頭

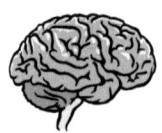

cerebro

腦

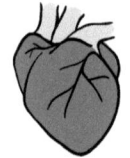

corazón

心臟

músculo

肌肉

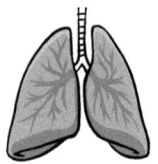

pulmón

肺

hígado

肝臟

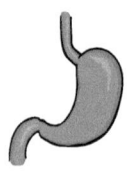

estómago

胃

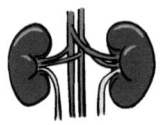

riñones

腎臟

relación sexual

性交

condón

保險套

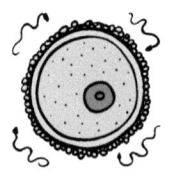

Óvulo

卵子

esperma

精子

embarazo

懷孕

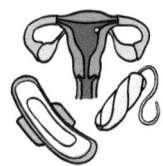

menstruación

月事

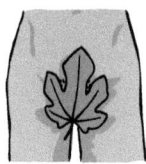

vagina

陰道

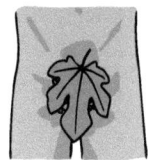

pene

陰莖

ceja

眉毛

cabello

頭髮

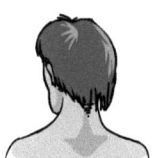

cuello

脖子

hospital
醫院

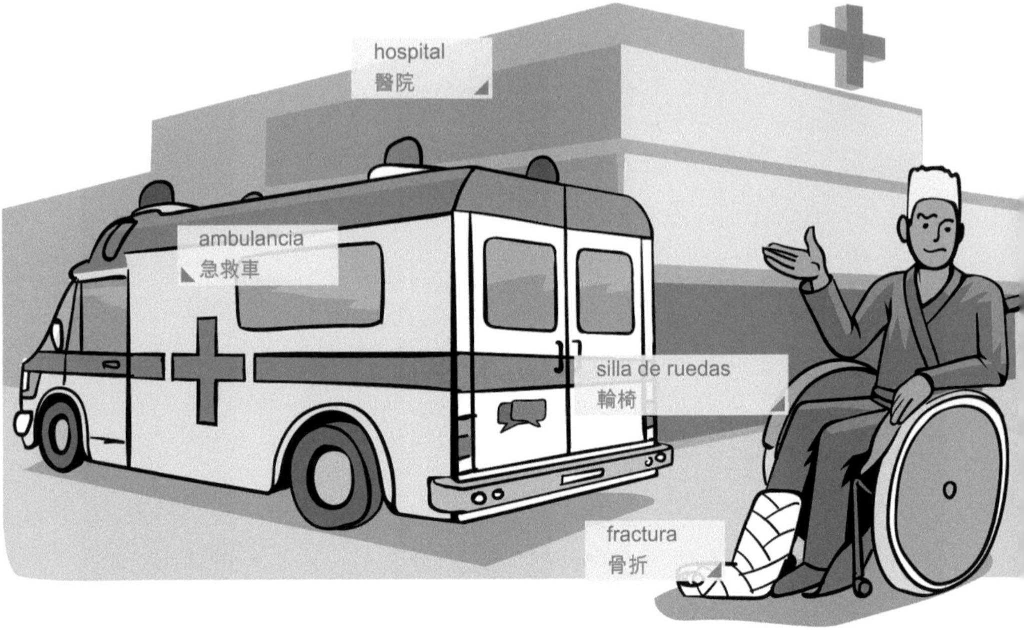

hospital
醫院
ambulancia
急救車
silla de ruedas
輪椅
fractura
骨折

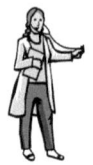

médico
醫師

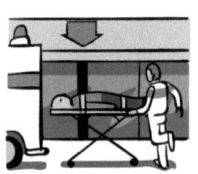

admisión de urgencia
急診室

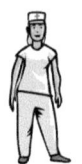

enfermera
護理師

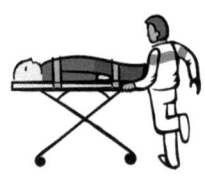

emergencia
緊急情形

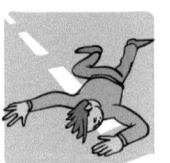

inconsciente
昏迷

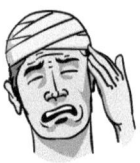

dolor
痛

lesión

受傷

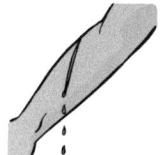

hemorragia

出血

infarto de miocardio

心臟病發作

apoplejía cerebral

中風

alergia

過敏

tos

咳嗽

fiebre

發燒

gripe

流感

diarrea

腹瀉

dolor de cabeza

頭痛

cáncer

癌症

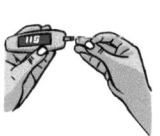

diabetes

糖尿病

cirujano

外科醫師

escalpelo

手術刀

operación

手術

TC

電腦斷層掃描

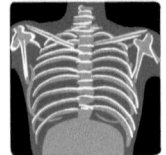

rayos X

X光

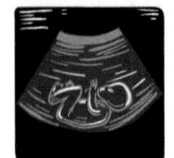

ultrasonido

超音波

máscara

口罩

enfermedad

疾病

sala de espera

候診室

muleta

拐杖

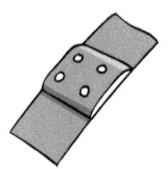

emplasto

石膏

vendaje

繃帶

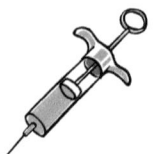

inyección

注射

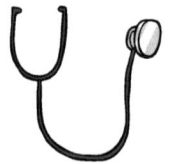

estetoscopio

聽診器

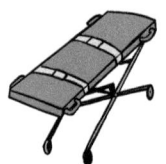

camilla

擔架

termómetro

體溫計

nacimiento

出生

sobrepeso

超重

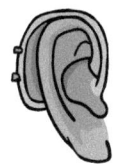

audífono

助聽器

desinfectante

消毒液

infección

感染

virus

病毒

VIH / SIDA

愛滋病

medicina

藥物

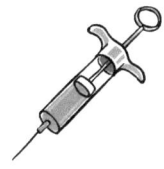

vacunación

接種疫苗

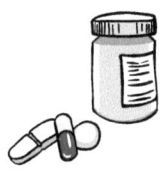

comprimido

藥片

píldora anticonceptiva

藥丸

llamada de emergencia

急救電話

medidor de presión arterial

血壓計

enfermo / saludable

生病/健康

¡Ayuda!

救命！

alarma

警報

asalto

突擊

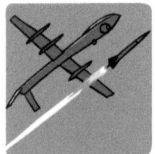

ataque

攻擊

peligro

危險

salida de emergencia

緊急出口

¡Fuego!

失火了！

extintor

滅火器

accidente

意外

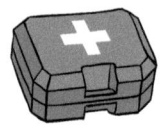

kit de primeros auxilios

急救箱

SOS

呼救訊號

Policía

員警

Europa

歐洲

América del Norte

北美洲

América del Sur

南美洲

África

非洲

Asia

亞洲

Australia

澳洲

Atlántico

大西洋

Pacífico

太平洋

Océano Índico

印度洋

Océano Antártico

南冰洋

Océano Ártico

北冰洋

Polo Norte

北極

Polo Sur

南極

Antártida

南極洲

Tierra

地球

país

陸地

mar

海

isla

島

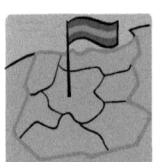

nación

國家

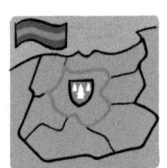

Estado

州

cuadrante

錶盤

horario

時針

minutero

分針

segundero

秒針

¿Qué hora es?

現在幾點？

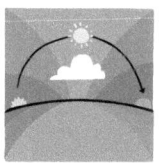

día

天

tiempo

時間

ahora

現在

reloj digital

電子錶

minuto

分

hora

時

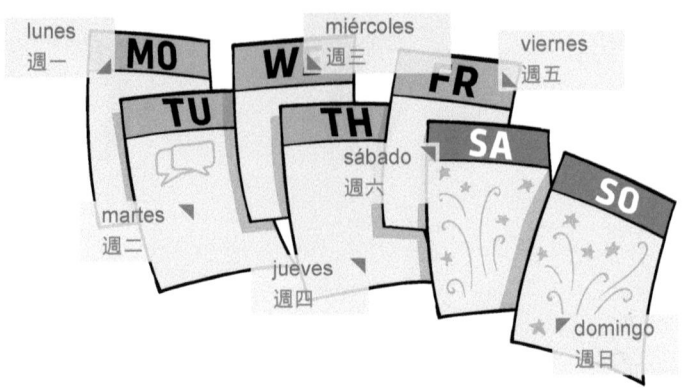

lunes
週一

martes
週二

miércoles
週三

jueves
週四

viernes
週五

sábado
週六

domingo
週日

ayer

昨天

hoy

今天

mañana

明天

mañana

早晨

mediodía

中午

tarde

晚上

jornada de trabajo

工作日

fin de semana

週末

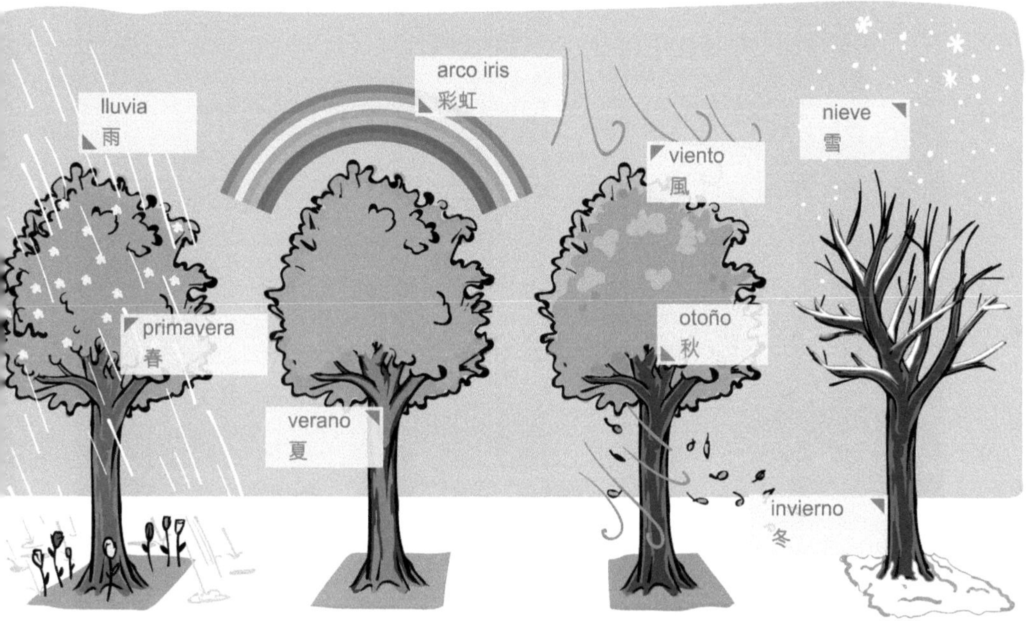

lluvia
雨
arco iris
彩虹
viento
風
nieve
雪
primavera
春
verano
夏
otoño
秋
invierno
冬

4.APRIL 11°
5.APRIL 4°
6.APRIL 13°
7.APRIL 8°
8.APRIL 10°

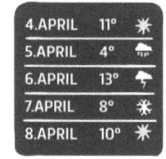

pronóstico meteorológico

天氣預告

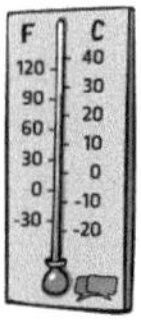

F C
120 40
90 30
60 20
30 10
0 0
-30 -10
-20

termómetro

溫度計

luz solar

陽光

nube

雲

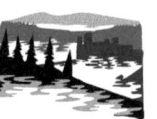

niebla

霧

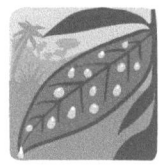

humedad ambiente

潮濕

relámpago

閃電

trueno

打雷

tormenta

風暴

granizo

冰雹

monzón

季風

inundación

洪水

hielo

冰

enero

一月

febrero

二月

marzo

三月

abril

四月

mayo

五月

junio

六月

julio

七月

agosto

八月

año - 年

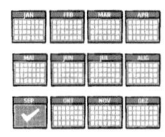

septiembre

九月

octubre

十月

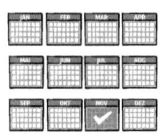

noviembre

十一月

diciembre

十二月

círculo

圓形

cuadrado

正方形

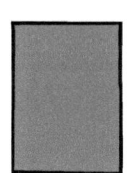

rectángulo

長方形

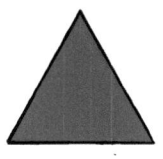

triángulo

三角形

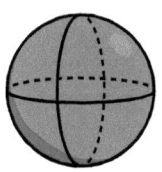

esfera

球體

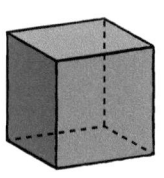

cubo

立方體

blanco
....
白

amarillo
....
黃

anaranjado
....
橙

rosa
....
粉

rojo
....
紅

lila
....
紫

azul
....
藍

verde
....
綠

marrón
....
棕

gris
....
灰

negro
....
黑

mucho / poco

很多/少許

enojado / calmado

生氣/平靜

bonito / feo

美/醜

comienzo / fin

首/尾

grande / pequeño

大/小

claro / oscuro

明/暗

hermano / hermana

兄弟/姐妹

limpio / sucio

乾淨/骯髒

completo / incompleto

完整/缺失

día / noche

白天/晚上

muerto / vivo

死/生

ancho / angosto

寬/窄

disfrutable / no disfrutable

可食用/非食用

malo / amigable

邪惡/善良

excitado / aburrido

興奮/無聊

gordo / delgado

胖/瘦

primero / último

第一/最後

amigo / enemigo

朋友/敵人

lleno / vacío

滿/空

duro / suave

硬/軟

pesado / liviano

重/輕

hambre / sed

餓/渴

enfermo / saludable

生病/健康

ilegal / legal

非法/合法

inteligente / tonto

聰明/愚笨

izquierda / derecha

左/右

cercano / lejano

近/遠

nuevo / usado

新/舊

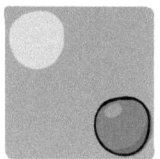

nada / algo

沒有/有些

viejo / joven

老/幼

encendido / apagado

開/關

abierto / cerrado

打開/闔上

bajo / fuerte

安靜/吵鬧

rico / pobre

富/窮

correcto / incorrecto

對/錯

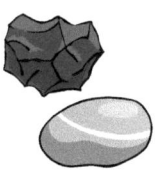

áspero / liso

粗糙/光滑

triste / alegre

傷心/高興

breve / extenso

短/長

lento / veloz

慢/快

mojado / seco

濕/乾

caliente / frío

溫暖/涼爽

guerra / paz

戰爭/和平

0

cero

零

1

uno

一

2

dos

二

3

tres

三

4

cuatro

四

5

cinco

五

6

seis

六

7

siete

七

8

ocho

八

9

nueve

九

10

diez

十

11

once

十一

12
doce
十二

13
trece
十三

14
catorce
十四

15
quince
十五

16
dieciséis
十六

17
diecisiete
十七

18
dieciocho
十八

19
diecinueve
十九

20
veinte
二十

100
cien
百

1.000
mil
千

1.000.000
millón
百萬

inglés

英語

inglés estadounidense

美式英語

chino mandarín

普通話

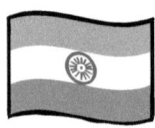

hindi

印地語

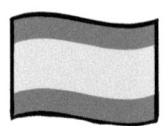

español

西班牙語

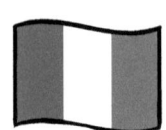

francés

法語

árabe

阿拉伯語

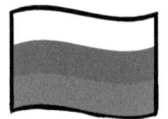

ruso

俄語

portugués

葡萄牙語

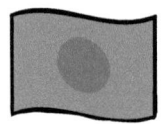

bengalí

孟加拉語

alemán

德語

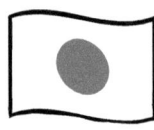

japonés

日語

yo

我

tú

你

él / ella

他/她/它

nosotros

我們

vosotros

你們

ellos

他們

¿quién?

誰？

¿qué?

什麼？

¿cómo?

如何？

¿dónde?

何處？

¿cuándo?

何時？

nombre

名字

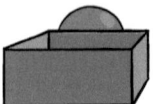

detrás

後面

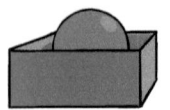

en

裡面

delante de

前面

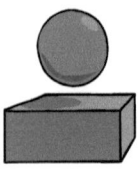

encima de

上方

sobre

上面

debajo de

下麵

junto a

旁邊

entre

中間

lugar

地點